Selb

ECON Sachbuch

Peter Lauster

Selbstfindung

Meditationen zur Entspannung
und Loslösung

ECON Taschenbuch Verlag

Sonderausgabe
Lizenzausgabe

Veröffentlicht im ECON Taschenbuch Verlag GmbH,
Düsseldorf und Wien, 1994, 3. Auflage
© 1988 by ECON Verlag GmbH, Düsseldorf, Wien und New York
Umschlagaquarell und Aquarelle im Innenteil: Peter Lauster
Druck und Bindearbeiten: Pustet, Regensburg
Printed in Germany
ISBN 3-612-27988-2

Inhalt

Vorwort 7

Gefühle der Selbstfindung 9
Texte und Aquarelle

Gedanken zur Selbstfindung 69

Fragen zur Selbstfühlung 95

Anhang

Gedankenaustausch 111

Wenn Sie sich für
andere engagieren wollen 113

Anmerkung des Verlags 116

Die Aquarelle des Autors 118

Vorwort

Dieses Buch möchte zur Selbstbesinnung beitragen, Wege zeigen, wie der einzelne zu sich selbst findet, darstellen, warum es für den Menschen so wichtig ist, sich selbst zu fühlen. Diese Absicht unterstreicht gerade der erste Teil, denn Gedichte und Aquarelle entstanden nicht gezielt für dieses Buch, ja, sie waren nicht einmal zur Veröffentlichung gedacht – Schreiben und Malen war für mich zunächst ein Stück persönlicher Selbstentfaltung sowie Freude am Ausdruck von Gedanken und Gefühlen. Erst dann reifte die Idee, dies alles könnte ja auch für andere eine Anregung sein zum Innehalten in der Anspannung und Ruhelosigkeit des Alltags. Dem Verlag bin ich sehr dankbar, daß er dazu bereit war, in unserer lauten und hektischen Zeit ein so leises, persönliches Buch herauszugeben und dafür das verlegerische Risiko auf sich zu nehmen.

Dem ersten Teil mit Aquarellen und Gedichten folgt ein Textteil mit Gedanken zur Selbstfindung. Was für eine Art Buch ist das?, wollte der Verlag von mir wissen. Es ist kein psychologischer »Ratgeber«, kein Lebenshilfebuch, kein Lyrikbändchen, kein Bilderbuch und keine Zeitanalyse; es möchte Impulse geben, in sich selbst nachzufühlen, wo man als einzelner steht – und wie man sich selbst und die eigenen Gefühle zukünftig in jedem Augenblick ernster nimmt.

Köln, Mai 1988 Peter Lauster

Gefühle der Selbstfindung

Texte und Aquarelle

»Diejenigen, die nicht mit Aufmerksamkeit
den Bewegungen ihrer eigenen Seele folgen,
geraten notwendig ins Unglück.«

MARK AUREL

Kindheit

Kinder haben keine ›Ästhetik‹,
sie sind Genies,
fliegen mit dem Wind
und drücken die Sonne ans Herz.

Die Kinder im Heu
lecken die Pollen,
greifen das Korn
und werfen mit Spucke,
triebhaft lebendig,
so unmoralisch genial.

Sie laufen zum Regenbogen,
sammeln das Gold der Lerchen,
Ihr Lied ist unfaßbar,
ihre Schönheit ist jenseits
von Kunst oder Kitsch.

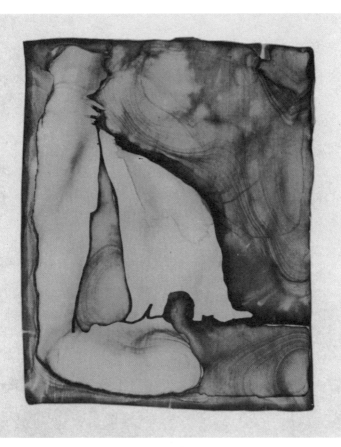

Einssein im Alleinsein

Alleinsein ist keine Einsamkeit,
Alleinsein ist nur Einssein
mit mir und dem Kosmos.

Alleinsein ist keine Isolation,
Alleinsein ist nur Einssein
mit mir und all den anderen.

Im Alleinsein finde ich dich,
in Geselligkeit aber –
verliere ich dich;
denn Alleinsein ist das Paradies
und Geselligkeit die Vertreibung.

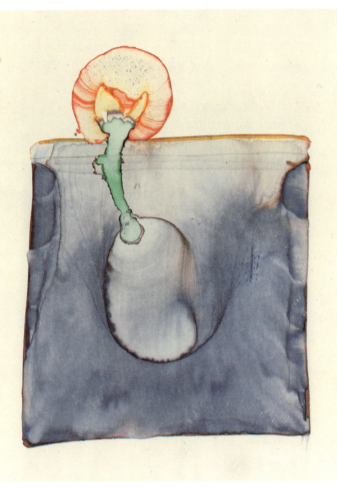

Offenheit

Mit allen Sinnen wahrnehmen,
ohne Konzentration,
ohne Begierde oder Abscheu,
ohne Pläne und Vorstellungen.

Denken erzeugt den Kitsch,
diskutiert nur den Geschmack,
so entsteht die Angst, und
aus ihr wird Aggression.

Aufmerksamkeit aber geschieht ohne Denken,
sie wird kein Analysieren;
das Reale bleibt real,
kein Ehrgeiz sucht ein Ideal.

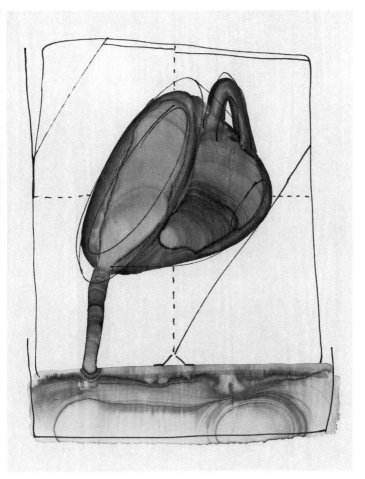

Freundschaft

Sonnenstrahlen vibrieren
in dir und mir,
herrliche Liebe,
zeitgeboren und verweht.

Ich grüße dich,
Freund stiller Stunden,
wenn du meine Liebe teilst
und meine Angst.

Du sagst: »Verliere, was du besitzt,
und gewinne die Freiheit,
die auf der Sonnenwiese
deiner Kindheit wehte.«

Ich danke dir,
weil du die Lösung siehst,
von dieser gierigen Liebe
zu ihr –
sogar zu dir.

Am Ende aller Tage

Blaues Gras,
roter Mund,
weißes Wasser,
im Bach ertrinkt der Karpfen.

Gellender Ton,
kneifendes Gelb,
bemaltes Meer,
in der Luft erstickt der Vogel.

Blaues Gelb,
roter Ton,
klirrender Bach,
in den Bergen träumt der Verliebte.

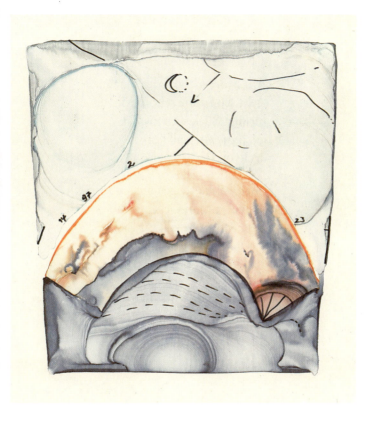

Aufbruch

Am Morgen nach der Flucht
zieht die Sonne schon früh
meinen Blick weit ins Tal.
Ich atme euch alle ein
und voll Liebe wieder aus.

Nebelbänke steigen auf,
zerfließend im Gegenstrahl.
Eine Schwalbe fällt ins Licht,
mit ihr meine Zärtlichkeit
im Duft von Gras.

Nichts kann mehr sein wie gestern,
wenn sich das Neue entfaltet;
deine Seele wird zur Quelle,
die Steine und Kiesel umfließt.

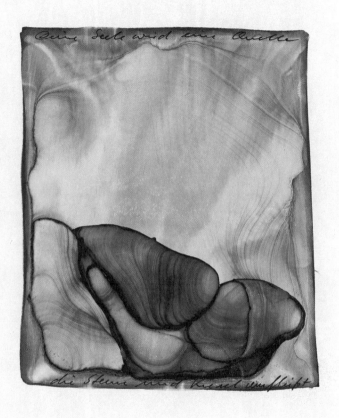

Seinsfühlung

Bin leer und offen,
vom Wind berührt,
ein sanfter Duft
im Sternenregen,
sehe unsere Zukunft
im blauen Tuch
deines Zauberkastens.

Durch die Leere
zieht das Neue,
hinterläßt keine Spuren.
Die Zeit wird weit und
mild wie Altweibersommer
gegen dunkle Tannen.

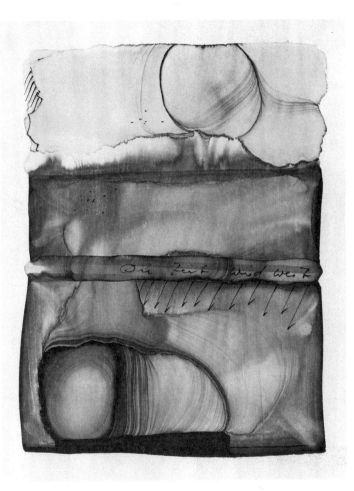

Ohne Bindung

Ich bin auch glücklich,
wenn du nicht da bist,
selbst wenn es draußen regnet.

Ich bin so glücklich,
wenn du mich liebst,
bin froh,
wenn du mich nicht brauchst,
um mir
das zu sagen.

Selbsterkenntnis

Schöpfe aus dem Brunnen
deiner Seele,
bis das Wasser
frisch und klar wird.

Schütte deine Vergangenheit
in den Sand,
denn sie will verdunsten.
Atme den Wind,
frage niemanden
und geh diesen Weg,
bis die Stirn kühl wird
und der Stein funkelt.

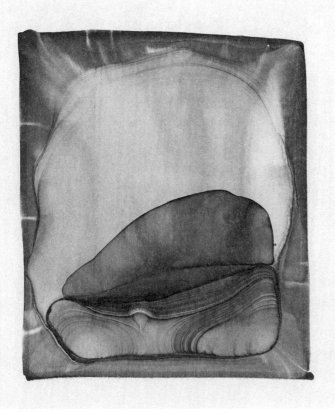

Augenblick

Fließendes Wasser,
Regen im Moos,
schwemmt die Farben davon
und sammelt sie dunkelgrün ...

Das alles geschieht jetzt,
jede Vergangenheit ist vergessen,
alle Ziele sind
von den Gipfeln gefallen.

Ein Vogel fliegt hoch,
durch den Regen so glücklich,
er kennt keine Zukunft
und sinkt ins Tal ...

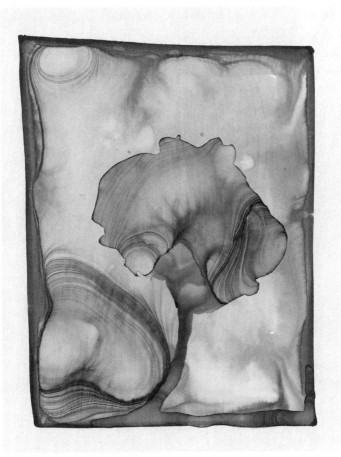

Spätsommertraum

Das Feld ist groß,
Wind streicht durch gelbes Korn,
eine Kraft schwillt in dir,
zu lachen und zu tanzen.

Die Früchte hängen schwer,
fallen faulend vom Baum.
Reife steigt vibrierend
in jede Birnenspitze,
und ein weißer Falter flügelt
libellenleicht – windverweht.

Duft von Blüten
schimmert fließend
durch den Atem deines Flugs.
Freue dich,
tanze in der Stunde des fallenden Apfels,
wenn das Heu gegen den Himmel ragt.

Dieser Sommer ist bald vorüber,
und du träumst noch viele Nächte
das Lied zirpender Gewitterschwüle.

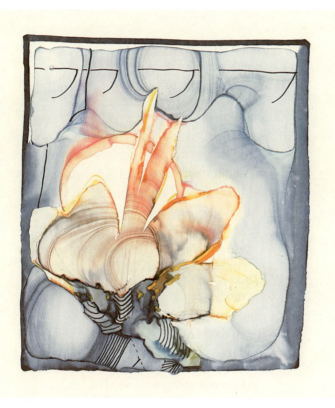

Einheit

Wachsend, blühend, überschäumend;
grün ist nur ein Teil.
Lachen, springen, schwimmen,
ein Teil ist nie das Ganze.

Im Glück beruhigt sich Leid,
im Leid strömt schon das Glück.
Erleide Glück,
liebe Leid;
wachsend, blühend, überschäumend
entsteht das Ganze.

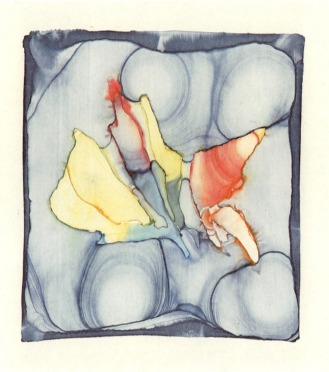

Lebensfreude

Hier bin ich,
ein Engel, der fliegende Igel,
freundlich-lieblicher Drache,
vom Morgenwind hochgebläht,
Engel mit Waldohren,
Flügelhund mit Wiesenaugen,
Glücksdrache mit Moosgeruch,
tanze ich in deine Träume,
grüße unsere Lehrer,
fülle jedes Glas mit Windrosen.

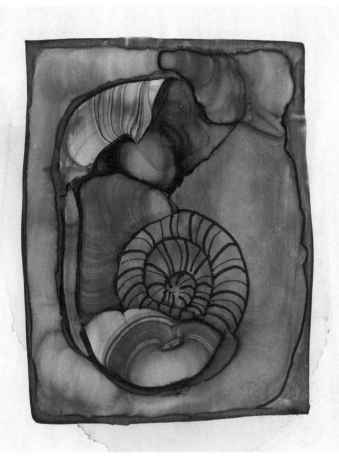

Seelenleben

Meine Seele erzeugt die Welt,
verdunkelt die Sonne,
verschönt den Freund,
zerstört die Liebe
und erhellt das Spinnennetz.

Die Seele ist der Schöpfer
von Gesundheit oder Infektion,
von Glück und Unglück,
Monotonie und Faszination.

Im richtigen Moment
hat sie alles, was sie braucht,
und löst sich los
von allem, was sie stört.

Seelenflügel

Öffne dich, mein Herz,
laß den Vogel Freiheit frei,
gib ihm deine Liebe mit,
aber nicht nur einmal.

Freiheit ist kein Geschenk,
sie ist die Wahrheit
deiner Existenz;
mit jedem Herzschlag klopft sie an.

Mach dein Herz weit,
vergiß die Ängste all der anderen,
fliege Vogel Freiheit, flieg,
glücklich, schwingend,
singend, fallend, steigend –
auch wenn keiner folgt.

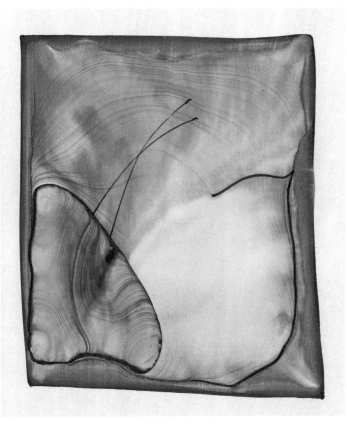

Nachtfenster

Sternenstaub
rieselt durch die Nacht,
im Fensterkreuz,
glitzernd über die Palme.

Du bist Teil
des tanzenden Staubs,
Sternschnuppe,
ein Herzflimmern
im Atem der Nacht.

Herzaufgang

Glitzerndes Wasser im Nebelgras,
Fischgeruch,
späte Stundenliebe
in heller Tagbleiche.
Im Gebirge springt das Almkraut
in den Himmel.
»Grüß meine Freunde,
ihre Lügen, ihre Blüten«,
heute ist ein neuer Tag,
heute könntest du die Wahrheit sagen.

Laß uns jetzt den Tag begrüßen,
feuchtes Staubmuster im Waldfarn,
neu, klar und kühl.
Ich liebe die schwere Regenwolke,
Sonnengras im Winterlaub,
Libellengesang;
Liebe durchzieht mein Herz,
nichts war umsonst,
Fischgeruch im Nilgras,
Herzaufgang.

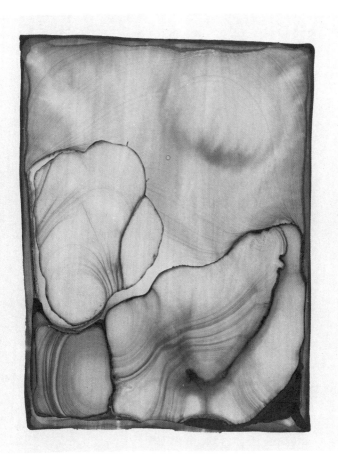

Annäherung

Ich bin, der ich bin,
so stehe ich am Tor,
verbunden mit dir und doch allein,
leih' ich dir mein Ohr.

Jeder Tautropfen ist heute neu.
Seht, wie glitzert die Sonne
in diesem Fallen
und Rinnen,
Kreisen und Klingen.

Ich schöpfe aus dir,
hellwach und präsent,
erschaffe ich dich neu,
Gott, in mir.
Du freust dich,
denn du hast eine Idee,
um etwas anderes zu machen.

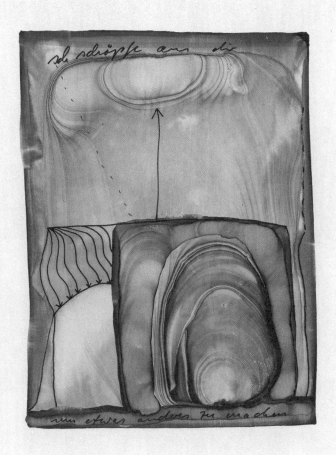

Gegenwart

Am Rande der Zeit,
wo die Zeitlosigkeit beginnt,
schimmert der Regenbogen
meiner Kindheit.

Er berührt das Gras
und teilt den Himmel
in Vergangenheit
und Zukunft,
damit mein Augenblick
schöpferisch wird.

Neujahrsnacht

Du suchst die Ordnung,
aber Chaos ist in dir,
du suchst die Liebe,
und Haß ist um dich,
du suchst die Selbstentfaltung
und findest Selbstentfremdung.

Löse mich von dir,
laß das Ego fallen,
entfalte die Sekunde,
damit die Jahre tief werden.
Wirf alle Worte aus dem Fenster,
und Freiheit durchdringt den Atem.
Das Wurzelwesen deiner Existenz
öffnet sich der Dimension der Vögel.
Alles muß in diesem Augenblick verschwinden,
damit sich Neues offenbaren kann.

Glücksgefühl

Nach dem Gewitter
mit heißen Wangen
gelaufen, gestolpert
über Stoppelfelder,
barfuß,
zum Ende des Regenbogens,
um die goldenen Sterne
aufzusammeln
und in der Dachkammer
bei offenem Fenster
zu sortieren,
wie ein Glückskind.

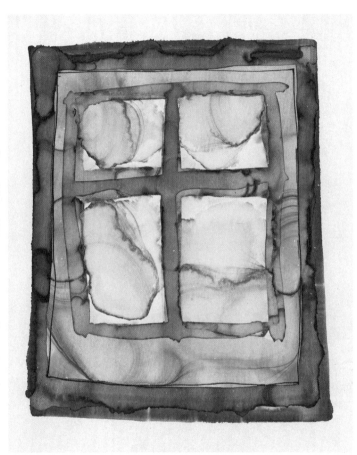

Liebesgefühle

Liebe ist wie frisches Regenwasser;
es fließt, wohin es will,
und selten, wie es soll.

Heute fließt es zu dir,
mein Liebling,
und morgen zu mir.

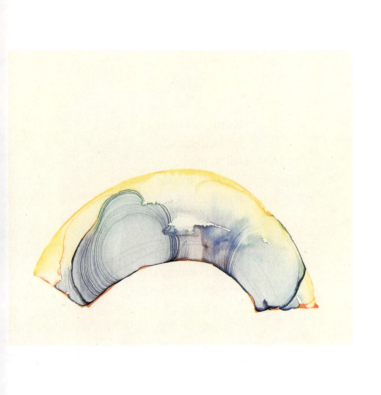

Sehnsucht

Komm in meine Arme
und Gedanken,
fall in mich,
zerstöre mich,
damit ich wach werde,
die Teile zusammensetze
zu einem Bild,
das mir bekannt ist,
etwas von mir selbst,
wie ich sein könnte,
heute noch.

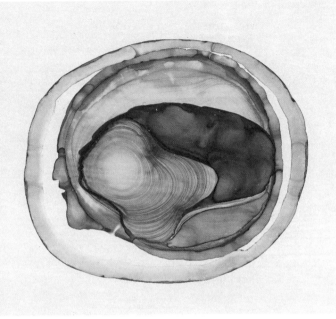

Autonomes Selbst

Mut zum eigenen Gedanken
aus der Tiefe des Herzens
erschreckt dich.
Dein Selbst aber,
unteilbarer Kern,
ist Freiheit,
führt dich heraus
aus Abhängigkeit
und Unterdrückung.

Da stehst du,
den Wind umfassend,
und hörst sie kommen.
Sie wollen dich zurückholen.
Neid und Bewunderung
ruhen nicht,
dich zu testen,
wieviel Energie
aus dieser Freiheit explodieren kann.

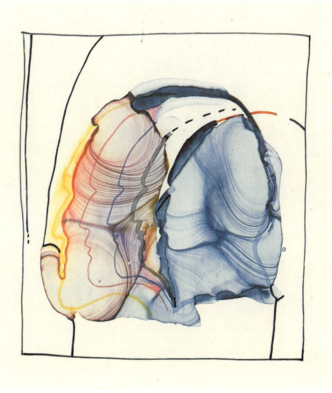

Nacktheit

Schön stehst du
vor dem Geröll
in der Sehnsucht
deiner Erwartungen,
willst alles haben,
mich und eine Zukunft.

Ich aber fliege aus meinen Plänen,
will dich nicht besitzen,
damit ich dich ganz sehe,
voll Bewußtheit und Achtung
in einer Nacktheit,
die frei ist von Sexualität.

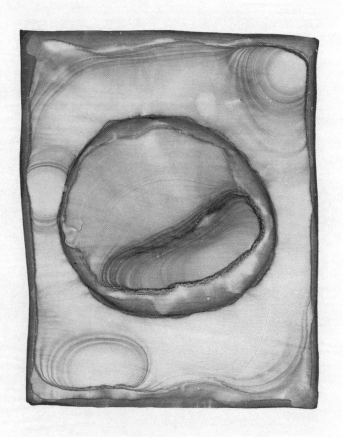

Einfühlsam

Mein Herz fließt
mit dem Strom
zum Regenbogen
hinter dem Kornfeld.

Wenn du es hinderst,
weint es sich leer
nach den Sternen
und fällt rollend
zu den Kieseln des Feldes.

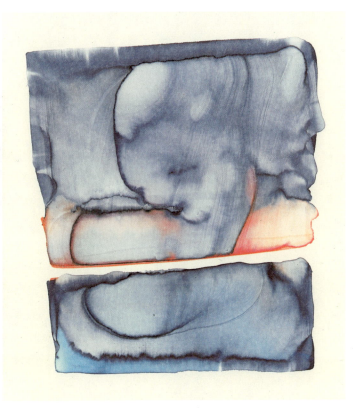

Sterben ist Leben

Das Blatt sinkt zu Boden
wie ein Wunsch aus meiner Seele.

Eine Blüte schließt sich,
jeder Ehrgeiz schmilzt in sich zusammen.

Die Frucht fällt vom Baum
wie meine Liebe unter die Menschen.

Das Laub wird gelb und rotbraun,
die Adern meiner Seele werden sichtbar.

Der erste Schnee rieselt im Geäst.
heute bin ich gestorben.

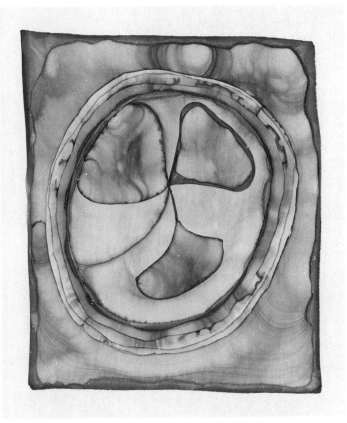

Fischgräte

Toter Fisch,
hier liegt deine Gräte,
der eine erstickt an ihr,
ein anderer radiert sie auf Bütten.

Was geschieht mit meiner Wirbelsäule?
Welcher Riese erstickt an ihr?
Wer macht daraus ein Kunstwerk?

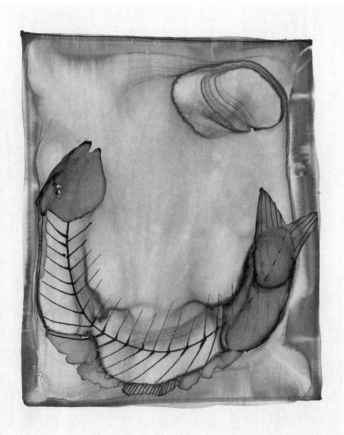

Letzter Wunsch

Morgen soll ich sterben,
sagt der Richter.
Laßt mich diese Nacht
am Fluß träumen,
damit meine Seele
mit den Wellen zieht
und ich im Morgengrauen
durch das Wehr wirble,
wenn das Beil
auf meinen Hals fällt.

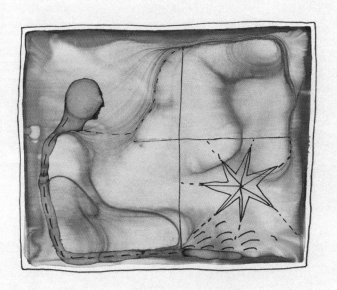

Gedanken zur Selbstfindung

»Wir sehnen uns zwar alle nach Freiheit,
sind aber gleichzeitig auf vielfältige Art an die
Macht gebunden, von der wir Anerkennung und
Lob verlangen. Das verurteilt uns zur ewigen Suche
nach Bestätigung ausgerechnet bei denjenigen,
die unsere wirklichen Bedürfnisse verneinen.«

ARNO GRUEN

Nach den poetischen Texten gilt es nun, gemeinsam das schwierige Problem der Selbstfindung theoretisch zu untersuchen. Die alte Frage: »Wer bin ich?« ist für jeden Menschen stets aktuell. Daß die Frage selbst alt ist, macht sie deshalb für den einzelnen nicht zu etwas Antiquiertem, denn für jeden stellt sie sich täglich neu.

Als Psychologe wurde ich während des Studiums damit konfrontiert, und mit Abschluß des Studiums war diese Frage natürlich nicht beantwortet, noch hatte sie sich sozusagen von selbst erledigt. Daraufhin versuchte ich, den Menschen und seine Psyche in ein Schema zu bringen und eine abstrakte Struktur zu bilden.

Auf der Suche nach mehr Verständnis für den Menschen legte ich mir eine Einteilung zurecht in Werthaltungen, geistige Leistungsfähigkeit, Motive und Kontakt. Diese vier Bereiche stellte ich in der folgenden Grafik dar:

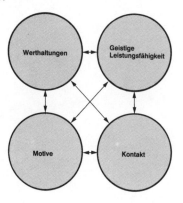

Jeder kann sich selbst charakterisieren nach seinen Werthaltungen, nach dem Stand seiner geistigen Leistungsfähigkeit (zum Beispiel Intelligenzgrad), nach seinen Motiven, die das Verhalten steuern, und nach den Kontakteigenschaften. Das abstrakte Grundmuster präzisierte ich in einer Struktur der Eigenschaften, war mir aber dabei natürlich bewußt, daß es sich nur um ein grafisches Modell handelt, niemals jedoch um die Wirklichkeit selbst. Das Strukturmodell sah dann so aus:

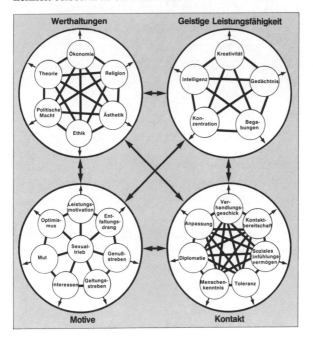

Den Bereich der geistigen Leistungsfähigkeit stellte ich zum Beispiel in folgenden Zusammenhängen dar:

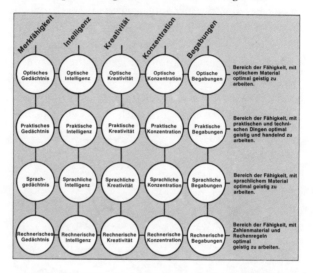

Ich erläuterte dieses Schema 1972* so: »Jede Eigenschaft ist stark oder schwach ausgeprägt. Ein Ausprägungsgrad kann mit psychologischen Testverfahren gemessen werden.« – Die psychologische Diagnostik hat in den letzten vierzig Jahren Tests entwickelt, welche die Merkfähigkeit, den Intelligenzgrad, die Kreativität, die Konzentrationsfähigkeit und einzelne Begabungen (etwa in sprachlichem oder rechnerischem Bereich) quantifizie-

* Peter Lauster: »Menschenkenntnis«, Erstausgabe 1973, aktualisierte Neuauflage 1985, ECON Verlag

ren. Solche Tests waren ursprünglich zur Selbstfindungsberatung gedacht. In der Berufsberatung der Arbeitsämter werden sie eingesetzt, um dem einzelnen dabei zu helfen, seine Stärken und Schwächen zu finden, um ihm so die Berufswahl zu erleichtern. Daß Tests auch zur Auslese von Ausbildungsplatzsuchenden und Studienbewerbern eingesetzt werden können, erzeugt eine Abwehrhaltung. Dadurch haben sie als Beratungshilfen natürlich an Vertrauen verloren – sie wurden vom Freund zum Feind, und es ist deshalb verständlich, daß Bücher zum Testtraining, also »Testknacker«, auf großes Interesse gestoßen sind. Das ist ein kleines Stück Psychologiegeschichte. Die Tests, ursprünglich von der psychologischen Wissenschaft gutgemeint als Beratungshilfe, sind heute zu einem Prüfungsinstrumentarium geworden, das es zu »knacken« gilt. Als Hilfsmittel zur Selbstfindung, wie sie einmal gedacht waren, werden sie kaum noch gesehen.

Nach dieser Einleitung möchte ich die Frage stellen: Können psychologische Leistungstests überhaupt zur Selbstfindung etwas beitragen? Sie können Eigenschaften messen, wie Gedächtnis, Intelligenz, Kreativität, Konzentrationsfähigkeit und Begabungen, im Vergleich zum Durchschnitt der Bevölkerung, nach einer statistisch ermittelten Norm. Es wird so ein Vergleich möglich, wo ein Mensch in der Ausprägung seiner Eigenschaften im Vergleich zu anderen steht. Der eine besitzt einen höheren Intelligenzquotienten, der andere ist kreativer, wieder ein anderer hat ein besonders klares Gedächtnis, und der nächste ist technisch oder gestalterisch besonders begabt – jeder besitzt seine ihm eigenen Schwerpunkte.

Die Wissenschaftler und Pädagogen streiten darüber, inwieweit das angeboren ist oder durch Erziehung, Schulung, Übung oder Interesse entwickelt wurde. Zu dieser Frage wurden viele wissenschaftliche Fachbücher geschrieben, die bis heute zu keinem eindeutigen Ergebnis gekommen sind. Die pädagogischen Optimisten nennt man »Milieutheoretiker«, und die Pessimisten, das sind die »Vererbungsdeterministen«. Ich selbst bin kein Freund der Vererbungslehre, sondern ein Vertreter der Interessentheorie: Aus persönlicher Anteilnahme (innere Motivation des Interesses) entsteht die Energie für die Ausbildung einer Leistungsfähigkeit. Deshalb kann nach meiner Auffassung ein Test nur den augenblicklichen Stand einer Interessenlage erfassen, nicht eine determinierte Fähigkeit an sich. Mit psychologischen Tests gelangen wir deshalb nicht zur wirklichen Selbstfindung.

Testergebnisse können also etwas darüber aussagen, wo ein Mensch im Vergleich zu anderen in diesem Moment gerade steht – sie legen einen Menschen jedoch niemals fest. Selbstfindung ist mehr als das Wissen über die Ausprägung von Eigenschaften im Vergleich zu anderen. Natürlich kann man so die Individualität einer Person beschreiben – mit Zahlen. Diese beschriebenen

Merkmale sind oberflächlich, denn so stellt sich der Mensch nur nach außen hin dar, beispielsweise in seiner Leistungsfähigkeit. Aber ist das Selbstfindung?

Ich verstehe unter Selbstfindung etwas anderes, etwas, das weit über die Charakterisierungen hinausgeht, die auf dem Vergleich mit statistisch ermittelten Normen beruhen. Die Frage: »Wer bin ich?« wird uns täglich von den Mitmenschen »beantwortet«, denn von früher Kindheit an sind wir den Bewertungen der anderen ausgesetzt, als Kind sogar ziemlich hilflos ausgeliefert. Wir werden von den Eltern bewertet: »Du bist brav, wenn du das tust oder es so machst; du bist böse, wenn du dieses oder jenes anstellst.« Die Geschwister manipulieren uns gleichfalls, auch die Spielkameraden. In der Schule bewertet uns der Lehrer mit Noten und seinen Bemerkungen: »Das kannst du nicht, du hast dir nichts gemerkt, das war gut, das ist richtig, das falsch. Du kannst Fußball spielen, aber nicht rechnen.« Sogar die Religion, zu der man eigentlich selbst finden sollte, wird uns beigebracht: »Du sollst das glauben, es verhält sich so und so, du sollst beten und beichten und Buße tun.« Wir grenzen uns ab mit unserem »guten Glauben« von anderen Religionen, die das Falsche glauben und deshalb missioniert wurden und werden.

Was wir als Kind selbst fühlen und denken, wird nicht beachtet, wir sollen lernen, was andere für uns vorgedacht haben und was sie für richtig befinden, weil sie es angeblich besser verstehen. Wir akzeptieren, »unreif, dumm und unwissend« zu sein, nehmen diese Bewertungen in uns auf und versuchen, sie mit unserem Selbst zu vereinbaren. Dieser Vorgang der Erziehung ist ständige Fremdbestimmung, Prägung unseres Geistes und Konditionierung unseres Denkens.

In der Pubertät entwickeln wir erstmals massiven Widerstand dagegen und beginnen, all das in Frage zu stellen. Für Erwachsene gilt der Pubertierende aber als unreif in seiner Rebellion gegen die vermittelten Werte und Normen: »Er wird sich schon noch die Hörner abstoßen.« Es wird ihm beigebracht, daß er sich diese eigenen Gedanken alle gar nicht machen soll, denn sie führen ihn angeblich in die Irre, da er ein angepaßter Mensch in der sozialen Gemeinschaft werden soll (Pädagogen nennen das Sozialisation), um ein leistungsfähiger und erfolgreicher Erwachsener zu werden. So geht es weiter mit der Fremdbestimmung – auf dem Gymnasium, am Ausbildungsplatz, auf der Universität, im Betrieb, im Verein, in der politischen Partei, bei der Bundeswehr, im Sportklub. Wo wir auch hinkommen, war bereits ein Vordenker da, der als Autorität Regeln und Normen aufgestellt hat, die wir übernehmen sollen, um gut und richtig zu funktionieren, immer angeblich »zu unserem Besten«.

Nicht Eigenständigkeit zählt, sondern die Bereitschaft, anzunehmen, zu merken, zu speichern und uns auszurichten. Das Vertrackte dabei ist, daß wir vieles in dieser hochtechnisierten Welt tatsächlich einfach mechanisch lernen müssen. Wenn ich eine Fremdsprache lernen will, hat dieses mechanische Übernehmen durchaus einen Sinn und Effekt; das sieht der Schüler auch sofort ein. Wir müssen Grundkenntnisse übernehmen, um in dieser komplizierten Welt zurechtzukommen. Natürlich muß man sich an die Verkehrsregeln halten und die Gesetze eines Landes befolgen; das soll hier nicht in Frage gestellt werden. Es geht nicht darum, daß jeder sich so egozentrisch verhält, wie er gerade aus einer Laune heraus denkt. Es geht also nicht um eine schrankenlose Freiheit auf Kosten der anderen. Das ist immer wieder der Einwand, der Fremdbestimmung und Manipulierung rechtfertigt.

Selbstfindung heißt nicht, das eigene Selbst in egoistischer Weise rücksichtslos gegen andere zu richten; das wäre ein Ausbruch des rebellischen Egoismus, ein gewalttätiges Aufbegehren gegen Normen. Ein solches Verhalten wäre eine Reaktion der Gewalt – als Gegengewalt wider die erlebte Gewalt der Fremdbestimmung. So falsch die Unterdrückung ist, so falsch muß auch der gewalttätige, destruktive Widerstand sein, obwohl er psychologisch verständlich ist. Ein Staat braucht und benutzt solche Rebellen nur zu gern als abschreckendes Erziehungsbeispiel dafür, daß es offenbar kein Entrinnen aus der Anpassung geben kann.

Wie ist Selbstfindung in dieser Umzingelung dennoch möglich – und zwar gewaltfrei, ohne Schaden für das Individuum und die Gesellschaft? Ist ein Austritt aus der Fremdbestimmung und der Weg zu Freiheit und Selbstbestimmung anders möglich? Ich behaupte: Er ist möglich! Es geht dabei um mich selbst als Einzelwesen, um mich allein – und um keinen anderen. Es geht also darum, die Flucht vor dem Selbst zu beenden, zu mir zu kommen, zur Besinnung (auf mich) zu kommen.

Ich möchte an dieser Stelle auf den problematischen Kontakt zu den Mitmenschen verweisen. Wir haben kein Selbstvertrauen zu uns selbst, deshalb ist uns Kontakt und Geselligkeit so wichtig. Wir halten es nicht mit uns selbst und bei uns aus und suchen ständig die Kommunikation mit den Mitmenschen. Wenn wir allein sind, dann empfinden wir das als einen Mangel (es fehlen die anderen). Alleinsein wird so zur Einsamkeit und Isolation, ein Makel, der schnell beseitigt werden muß, durch einen Telefonanruf, durch die Vereinbarung eines Treffens, durch das Planen von Terminen: Montag im Tennisklub, Dienstag Kegelabend, Mittwoch Disco, Donnerstag Essen mit Hansens, Freitag Vereinsabend, Samstag Chorprobe und am Sonntag Familienbesuch usw. Jeder hat seine eigenen Vorstellungen, welche Art von Menschen er treffen will, und es ist prinzipiell kein Unterschied, wo ich diese Menschen treffe, ob in der Disco, auf dem Fußballplatz, in der politischen Frauengruppe oder in der Psychotherapiegruppe (Encountergroup, Workshop, Kreativgruppe oder wie das auch etikettiert sein mag). Ich möchte damit nicht sagen, daß diese Treffen und Begegnungen zwischen Menschen schlecht wären. Sie sind gut und sinnvoll, sofern ich dabei nicht auf der Flucht vor mir selbst bin, wenn ich glaube, einer »Isolation« entgehen zu müssen.

Nach erreichter Selbstfindung kann ich überall hingehen. Ich sollte aber nicht vor mir selbst fliehen und deshalb unter Menschen gehen, um mich dort finden zu können, um von den anderen definiert zu werden. Kein anderer kann mich definieren, kann mir nicht sagen, wer ich bin, wie ich fühle, was ich will oder zu wollen hätte. Dabei muß es nicht so banal ablaufen, daß ich die anderen danach frage, sondern ich spiegele mich vielleicht nur in ihren Meinungen und versuche auf diese Weise herauszufinden, wer ich bin. Ich begegne den anderen und sehe mich in ihnen; jeder sagt mir durch seine Reaktion, durch seine Sympathie oder Antipathie, was er von mir denkt, ob er mich so akzeptiert oder nicht, was er mag und was er nicht mag, was er mir ungefragt rät, anders zu machen. In dieser Beurteilung der anderen kann ich mich nicht selbst finden; ich erfahre dabei nur etwas über das Denken und die Probleme der anderen, aber nichts über mich selbst.

Was ist also Selbstfindung? Es gibt keine Autorität, die wir fragen können, wer wir selbst sind, nicht die Eltern, nicht den Geistlichen, auch nicht den Psychologen oder Psychotherapeuten, natürlich nicht unseren Chef, auch nicht den Guru, der sich als wissender Weiser ausgibt, nicht den Philosophen, nicht einmal den Menschen, in den wir uns gerade frisch verlieben.

Es gibt nur eine Person, die dafür zuständig ist: wir selbst. So klein und mickrig unser Selbstbewußtsein auch sein mag, so gering wir uns auch leider oft selbst achten; wir müssen bei uns selbst anfangen und diese einprogrammierte Geringschätzung beseite schieben. Selbstfindung heißt deshalb, in Fühlung mit sich selbst zu kommen, sich dem eigenen Inneren zu stellen. Wer bin ich selbst?

Gesellschaft und Bekannte weisen mir eine Rolle zu; für sie bin ich beispielsweise der praktische Typ, der anpacken kann, der Student, der noch nichts vom Leben weiß, der aufstrebende, dynamische Unternehmertyp, der einmal Karriere machen wird, bin eine achtbare Person, die es geschafft hat, mit Vermögen, Haus, Kindern und einer Kunstsammlung. Das sind die oberflächlichen Bewertungen, die vom Äußeren ausgehen, von Statusgegebenheiten und Symbolen aller Art. Hinter diesen Äußerlichkeiten – zu ihnen zählt auch das Erscheinungsbild (»Kleider machen Leute«) – befindet sich das Innere, das wir meist verbergen vor den anderen, um nach außen »unser Gesicht zu wahren«.

Ihrem Inneren weichen die meisten leider aus; es wird darüber nicht gesprochen, besteht doch oft ungesprochen ein Tabu des Seelischen, von den modischen Psychoanalysiertrends mancher Cliquen einmal abgesehen. Wir alle kennen psychische Probleme, Ängste, Schuldgefühle, Neid, Minderwertigkeitsgefühle, Wut und Aggression, Trauer und Depression. Das ist das Innere, das

Seelenleben, die Welt der angenehmen und unangenehmen Gefühle. Wir suchen aber nur die angenehmen Gefühle, suchen Freude, Lust, Beschwingtheit, Optimismus, das Gefühl, Bäume ausreißen zu können. Solche Gefühle wollen wir haben, die anderen lehnen wir ab, und wir fühlen uns schlecht, wenn sie dennoch auftauchen. Das Seelenleben wird so gespalten in eine Licht- und in eine Schattenseite. Und wie reagieren wir, wenn die Schattenseite auftaucht – und sie taucht oft auf? Wir fliehen meist davor! Es gibt unzählige Fluchtmöglichkeiten: So lassen wir uns durch Musik ablenken, sehen fern, gehen ins Kino, treffen in der Kneipe andere Menschen, planen den Urlaub, räumen die Wohnung auf, trinken Alkohol oder nehmen Drogen und suchen den Sex mit all seinen Spielarten. Das alles dient der Unterhaltung, dem Amüsement, mit dem wir uns von uns selbst ablenken. Um nicht mißverstanden zu werden, muß ich an dieser Stelle noch einmal betonen: Sexualität ist, für sich neutral betrachtet, genausowenig etwas Negatives wie Musik oder Sport, aber als Fluchtweg, als Ablenkungsmanöver wird es hier problematisch. Freude am Essen beispielsweise ist etwas Natürliches, aber zwanghaftes Essen, das dazu dient, mich über unangenehme Gefühle hinwegzubringen, mich von meiner Seele abzulenken, wird zu einer Flucht und leicht zu einer Sucht, und der angegessene »Kummerspeck« führt zu neuen Problemen auf der Flucht, wenn mich andere wegen meines Gewichts abwerten.

Nach dieser notwendigen Abschweifung nun zurück zur Selbstfindung und der wichtigen Frage: »Wer bin ich?« Ich muß mir die Frage, die jedem einzelnen täglich gestellt ist, selbst beantworten, indem ich nicht mehr davor fliehe. Hier heißt es nicht: Wer bin ich für andere?, sondern: Wer bin ich für mich, in mir selbst? Wer bin ich tief in mir, in meinen Gefühlen, in meinem Seelenleben? Ich sollte also in Fühlung mit mir kommen und es auch bleiben. Lust zu fühlen ist nicht schwer; darauf zielen alle ab. Ich darf aber auch die Fühlung nicht abtrennen, wenn ich Unlust fühle.

Neulich unterhielt ich mich mit einem Theologen, der mir anvertraute, daß er Wut und Ärger nicht zulassen könne, weil es nicht seinem Ideal entspreche. Er wurde in seiner Kindheit so erzogen, daß Wut und Ärger etwas Primitives seien, etwas Böses. Ein guter Mensch (sagen die Eltern) und ein seelisch gesunder Mensch (sagt die psychologische Wissenschaft) ist nicht wütend, sondern ausgeglichen und streßstabil. Er erzählte mir, daß er immer diesem Ideal nachgeeifert sei und versucht habe, es zu verwirklichen. Er hat seine Wut unterdrückt, sie ignoriert, verleugnet, sie in sich selbst vor sich selbst nicht zugelassen. Darüber wurde er gedrückt und energielos. Er hat sein Ideal nach außen hin verwirklicht, die anderen glauben von ihm, er wäre nie wütend und könnte alles gelassen und ausgeglichen verarbeiten. Diesen Anschein erweckt er, fühlt sich innerlich aber sehr unwohl, weil er jetzt unter Depressionen leidet. Das Ideal hat ihm nicht geholfen. Deshalb sage ich: Ideale sind falsch, sinnlos und schädlich. Je mehr solcher Ideale (und es gibt viele) ein Mensch nacheifert, desto unglücklicher muß er werden. Einem Ideal nachzulaufen ist eine Flucht.

Genau das hatte der Theologe gemacht. Ich riet ihm deshalb: »Weiche deiner Wut nicht mehr aus, sondern fühle sie. Selbstfindung heißt Einfühlung in das ganze Seelenleben. Fühle die Wut und den Ärger völlig aus, stehe dazu, stelle dich diesem Gefühl. Gut, es mag von anderen abgewertet werden (»Du sollst dich nicht ärgern, denke positiv!«), aber Ärger läßt sich so nicht überlisten und wegdiskutieren. Besinne dich auf dich selbst, fühle den Ärger aus, gehe ihm nach bis in seinen letzten Winkel – und du erfährst Wichtiges über dich selbst, zum Beispiel über deine Ängste, über Hoffnungen, Wünsche, Erwartungen. Das alles ist in dir, ein Kosmos von Vorstellungen und Gefühlen. Wir sollten ihn kennenlernen, um uns selbst besser zu verstehen.« Ein Ideal aber hindert uns daran.

Ein Ideal sagt beispielsweise, man sollte mutig und angstfrei sein. Ich will die Angst deshalb in mir nicht wahrnehmen, sie schnell überwinden und mutig erscheinen. Das führt dazu, daß ich dann besonders forsch und dominant auftrete, um die »Schwäche« der Angst vor anderen zu verbergen, auch vor mir selbst. Ein großer Selbstbetrug: Ich möchte vor mir selbst anders erscheinen, als ich mich fühle. Das hindert mich daran, zu fühlen, wie ich wirklich bin, jetzt, in diesem Moment.

Selbstfindung aber heißt, mit mir selbst in Fühlung zu bleiben und keine Unterbrechung zuzulassen; nur so kann ich mich wirklich kennenlernen. Dem wird oft entgegengehalten, das reibungslose Funktionieren im Alltag dürfe nicht unterschätzt werden, denn die Zwänge des Berufs wirkten schonungslos auf mich ein, ich dürfe mich nicht »gehenlassen«, meinen Stimmungen und Gefühlen nachgeben, weil die anderen gnadenlos diese »Schwäche« ausnutzen würden.

Natürlich, der Berufsalltag erfordert ein klares Denken, große Sachlichkeit, denn Emotionen werden von den Mitmenschen als »Sentimentalitäten« abgewertet; das ist eine traurige Tatsache. Die Menschen gehen sehr lieblos, wenig einfühlsam und vorwiegend rational miteinander um, als wären wir alle programmierte Maschinen, die lediglich gut zu funktionieren hätten. Das zum Beispiel macht Angst, und diese Angst versuche ich vor anderen zu verbergen – aber ich sollte sie nicht vor mir selbst verbergen.

Der Tag setzt sich – grob vereinfacht – zusammen aus acht Stunden Berufsalltag, acht Stunden Freizeit und acht Stunden Schlaf. Es bleiben mir also immerhin acht Stunden Freizeit, wovon zwei bis drei Stunden ausgefüllt sind mit Routinearbeiten und Pflichten, die eine Wohnung, eine Ehe oder Familie zwangsläufig mit sich bringen. Dann bleiben noch etwa fünf Stunden, die mir alleine gehören könnten, die kostbare Zeit, die der Selbstfindung zur Verfügung stehen könnte. In diesen fünf Stunden sollte ich täglich, nicht nur einmal in der Woche, in Fühlung mit mir selbst treten. Dieser Vorschlag ist nicht unrealistisch oder utopisch, nein, er ist durchaus realisierbar.

In diesen Stunden sollte ich das Werkzeug Denken, mit dem ich ständig aktiv bin, beiseite legen. Jetzt habe ich Zeit, den Gefühlen, die in mir sind, nachzugehen. Jetzt kann ich endlich zu mir selbst, zu meinem Wesen kommen, jetzt kann die Flucht aufhören und die Meditation beginnen. So könnte man anfangen.

Die Aussage: »Es bleibt mir keine Zeit, ich bin immer nur eingespannt, der Tag verrauscht, und ich weiß nicht, wo die Stunden geblieben sind« ist eine Ausrede. Wir müssen uns selbst finden, unsere Gefühle fühlen, unsere seelische Befindlichkeit anschauen, ihr liebende Aufmerksamkeit widmen. Das ist sehr wichtig, um ein sinnvolles Leben zu leben.

Ich versuche, dies so eindringlich wie nur möglich bewußtzumachen, und stehe dabei sehr alleine und ziemlich verloren, denn keine Instanz fühlt sich dafür zuständig. Ich weise nicht aus einem ehrgeizigen Grund darauf hin, sondern ich weise deshalb darauf hin, weil ich erkannt habe, daß es von großer Bedeutung für das Leben jedes einzelnen ist, von Bedeutung für seine seelische Gesundheit und für sein Lebensglück.

Ich bin kein Missionar, und niemand soll zu etwas

überredet werden. Ich sage nur: Selbstfindung ist möglich, und sie ist notwendig für jeden, nicht etwa für eine gebildete Elite, denn wir sind mit diesen existentiellen seelischen Problemen alle gleich. Ich weiß, daß jeder Mensch eine Sehnsucht danach hat, sich selbst zu finden, zu sich selbst zu kommen, bei sich zu sein. Viele Hindernisse stehen dem im Weg, so die gesamte Erziehung zum Erwachsenen, so die alltäglichen gesellschaftlichen Gegebenheiten. Wir werden sogar programmiert, uns schließlich selbst im Wege zu stehen. Das geht so weit, daß wir unser Innerstes sogar als etwas Feindliches empfinden. Unsere Gefühle erscheinen uns feindlich, störend, hinderlich. Unser Ureigenstes wurde zu etwas Suspektem, das wir nicht annehmen, sondern sogar ablehnen. Das ist die traurige Realität. Nun fragt sich der Leser: Wie kann ich das ändern? Wie soll ich es anstellen, daß ich mein Inneres annehme und aushalte? Wie gelange ich zu mir selbst zurück? Gibt es einen Rat, eine Methode? Sagen Sie mir, wie ich mich selbst finde?

Es gibt viele Methoden, die der menschliche Geist ersonnen hat, die aber alle sehr oberflächlich sind. Es gibt autogenes Training, man verordnet Psychopharmaka, es gibt Diskussionsgruppen zu diesem Thema, es gibt die Religionsgemeinschaften mit ihren Angeboten, es gibt Zeitschriftenartikel, psychologische Bücher über Ängste, Depressionen, Esoterik und positives Denken. Alle diese Angebote sind gut gemeint, das soll nicht bestritten werden. Dazu könnte im einzelnen noch viel gesagt werden. Jedenfalls ist es schon ein positiver Ansatz, wenn jemand beginnt, sich damit zu beschäftigen. Viele Menschen begeben sich auf diese Suche, und das ist hoffnungsvoll. So muß es anfangen ... Es sollten mehr und mehr Menschen damit beginnen, anstatt zu fliehen.

Jede dieser Methoden hat ihren Sinn. Sie richten sich an den Intellekt, sie schlagen Übungen und Trainingsprogramme vor; auch das hat seinen Sinn. Aber all diese Methoden helfen wenig, wenn es uns nicht gelingt, letztlich zu uns selbst vorzustoßen. Wenn eine Methode von mir selbst ablenkt und ich durch die Methode gefesselt werde, dann hindert sie mich, dann geht sie an der eigentlichen Aufgabe schließlich doch vorbei. Wenn es um mein Seelenleben geht, dann darf eine Methode nur ein Hilfsinstrument sein. Die Frage: Wer kann mir helfen, meine Gefühle zu fühlen?, impliziert praktisch schon die Antwort: Ich muß sie selbst fühlen! Nur ich kann mit mir in Fühlung kommen, kein anderer. Der Wert einer Methode liegt also darin, ob es ihr gelingt, mich mir näher zu bringen.

Vielleicht braucht der einzelne auch gar keine Methode, vielleicht lenkt sie ihn sogar ab – und das ist oft der Fall. Fühlen wir unsere Gefühle aus, gehen wir ihnen liebend auf den Grund – wir müssen selbst herausfinden, nicht andere fragen. Es ist das natürlichste, und doch scheint es heute zum schwersten und seltensten geworden zu sein.

Wir finden uns selbst, indem wir uns unseren Gefühlen annehmen, sie durchfühlen. Das ist keine Egozentrik. Sich selbst anzunehmen und liebend sich selbst zu erforschen richtet sich nicht gegen andere; dabei wird niemand geschädigt, ausgebeutet oder manipuliert. Selbstfindung heißt – ich sage es nochmals –, sich dem Inneren zuwenden, die eigene Seele erfahren, ohne Theorien an sich selbst zu überprüfen, denn man muß dazu keine Fachbücher über Psychoanalyse gelesen haben. Es ist keinerlei psychologische Spezialbildung erforderlich, um die eigenen Gefühle zu fühlen – Bildung dieser Art kann sogar behindern.

Fühlen ist etwas ganz anderes als Analysieren. Wenn ich meinen Neid fühle, dann muß ich das nicht mit Fachbegriffen zerlegen und beschreiben, denn das führt mich weg von den Gefühlen selbst. Die Gefühle tatsächlich fühlen, nicht davor ausweichen, sondern sie durch- und ausfühlen, das ist wichtig, denn sie gehören zu mir wie Arme, Beine und Finger, sie sind ein konkreter Bestandteil meiner Person. Ich kann sie zwar verleugnen, mich weigern, sie anzuschauen, aber sie sind – davon unabhängig – dennoch weiter vorhanden. Gefühle haben die besondere Eigenschaft, meine seelische Gesamtverfassung zu beeinflussen. Wenn ich sie verleugne, werde ich unsicher. Vor sich selbst auszuweichen, sich selbst teilweise zu verleugnen bereitet einen Nährboden für Ängste, Aggressionen und Depressionen. Das verleugnete Innere ist verleugnetes Leben.

Unsere Ansprüche an das Leben sind zwar hoch, denn wir alle suchen Glück und Erfüllung. Die materiellen Grundbedürfnisse sind in den hochtechnisierten Zivilisationen befriedigt, aber Erfüllung bleibt dennoch aus. Viele fragen sich, warum sie trotzdem so unzufrieden und mißgelaunt, also nicht »so richtig glücklich« sind. Wir suchen dieses Glück, das offensichtlich fehlt, wir wollen es noch zu allem Materiellen – als wäre auch das etwas Materielles – sozusagen hinzuerwerben. Ein Psychologe soll es uns geben oder ein Guru oder ein Trainingsseminar oder ein esoterisches Buch – das alles wird konsumiert, und wir sind enttäuscht, daß wir das Glück nirgendwo bekommen, es nicht finden. Wir lernen neue Wörter kennen, Fachbegriffe zur Seinserfahrung, aber das Eigentliche, das was wir suchen, bleibt aus.

Solange wir nicht bereit sind, unser Inneres zu fühlen, sondern nur darüber diskutieren wollen, treten wir auf der Stelle. Die Selbstfindung ist nur durch Fühlung des gesamten Seelischen möglich. Das ist die Voraussetzung. Erst nach der Selbstfühlung kommt die »Seinsfühlung«. Nur derjenige, der im Kern bei sich selbst sein kann, der sein Wesen fühlt, hat den Blick frei für das Ganze; erst dann kann er sich dem »Sein« öffnen, dann geschieht das Wesentliche wie Glück, Liebe, Schönheit und Erleuchtung. Die Selbstfühlung kann nicht übersprungen werden.

Wer sie umgehen will, und das machen die meisten,

der spricht nur über Glück, Liebe, Schönheit und Erleuchtung. Er kann das sogar beruflich auswerten, als Ratgeber für Glück, – so wollen uns beispielsweise die Werbemacher mit Produkten glücklich machen. Er kann die Liebe propagieren, als Philosoph oder Psychotherapeut, er kann sich der Schönheit widmen als Kunsthistoriker oder Künstler oder der Erleuchtung als Theologe, Sektierer, Esoteriker oder Guru. Er kann also beruflich versuchen, anderen zu diesen hohen Sehnsuchtswerten zu verhelfen. Wer behauptet, es ginge ohne Selbstfühlung, wer das umgehen oder überspringen will, belügt sich selbst und seine Klienten.

Nur auf der Basis der Selbstfühlung ist Seinsfühlung möglich. An dieser Stelle will ich versuchen, das Wort Seinsfühlung etwas genauer zu erklären. Ich kenne weder eine wissenschaftliche Untersuchung noch eine esoterische Abhandlung, die ausführlich erläutert, was Seinsfühlung ist. Sie läßt sich nur sehr schwer in Worten oder Bildern ausdrücken. Zur Einfühlung möchte ich deshalb ein frühes Gedicht von Herrmann Hesse – es stammt vom August 1899 – heranziehen.

Das war des Sommers schönster Tag,
Nun klingt er vor dem stillen Haus
In Duft und süßem Vogelschlag
Unwiederbringlich leise aus.

In dieser Stunde goldnen Born
Gießt schwelgerisch in roter Pracht
Der Sommer aus sein volles Horn
Und feiert seine letzte Nacht.

Das Gedicht vermittelt diesen Zustand, in dem sich Seele und Geist befinden können, in einer kurzen Stunde vor dem stillen Haus im August, wenn der Sommer in den Herbst übergeht. Die Worte und Gedanken verdichten sich zum Erfassen einer Einheit des Seins. Das Selbst (Seele und Geist) des Betrachters geht ein in den Seinszustand dieses Sommertages. Denken und Analysieren werden still, das Selbst öffnet sich dem Sein. Das ist nichts Übersinnliches, denn das Selbst steht ganz konkret, sozusagen »mit beiden Beinen«, in der Welt, aber das Ich mit seinen Eigeninteressen schweigt – Seinsempfindungen können sich einstellen. Das meine ich mit Seinsfühlung, dieses Geöffnetsein, diesen Austritt aus dem Kreislauf egozentrischer Gedanken und Pläne, um mitzufühlen, was um uns herum in diesem Augenblick geschieht. Dann kann sich ein Fenster öffnen für eine Dimension, die wir im Getriebe des Alltags verloren haben.

Dieser Moment hat für ein lebendiges und glückliches Leben eine große Bedeutung. Nicht nur Dichter sind dazu befähigt, das zu erleben. Der Poet faßt es vielleicht im nachhinein in schöne Worte, aber nicht die Wörter sind von Bedeutung, sondern das seelische Erlebnis selbst, das dahinter steht. Dieses Erlebnis hat viele Namen, zum Beispiel Glück, Losgelöstheit, Stille, kosmische Gefühle, Erleuchtung, Einswerden mit dem Grund, Berührung mit der Mystik des Lebens, Gefühl der Fülle, große Erfahrung, göttliche Seinserfahrung, Segen, Erfahrung des Numinosen, erlösende Erfahrung des Schöpferischen, Sternstunde des wahren Lebens, der Wahrheit und des Mitgefühls. Gleichgültig, wie wir es auch benennen wollen, für mich ist das schlicht und einfach »Seinsfühlung«. Jeder hat sie schon einmal so oder ähnlich empfunden, aber meist wieder verloren. Erst wenn ich ganz bei mir selbst sein kann, wenn nichts mehr zu einer Flucht vor mir selbst führt, kann ich auch ganz bei etwas anderem sein, ob dies nun ein anderer Mensch ist, die Natur oder eine Stunde im Jahreskreislauf. Über Selbstfühlung entsteht Ruhe und Intensität, die Seinsfühlung ermöglicht – ein nicht mit Worten beschreibbares Glück.

Diese Beschreibung, das sehe ich als Autor sehr selbstkritisch, ist keine konkrete Hilfe. Sie ist Theorie und bleibt Theorie, solange sie nur im Denken als Aussage gespeichert wird. Wir reden dann *über* eine Sache und sind nicht *in* der Sache.

Wir müssen in uns sein, zu uns selbst kommen, damit wir zu den Dingen des Lebens gelangen. Das sollte jeder einzelne für sich selbst praktizieren, denn hier hört dann das Lesen auf.

In uns hinein und von dort zurück in die Welt. Bitte, versuchen Sie es, legen Sie das Buch beiseite und fühlen Sie in sich selbst, schauen Sie nach innen und dann nach außen, dann sehen Sie den Tautropfen in der Astgabelung mit neuen, jungen, frischen und befreiten Augen.

Fragen zur Selbstfühlung

»Man sieht nur mit dem Herzen gut;
das Wesentliche ist für die Augen unsichtbar.«

ANTOINE DE SAINT-EXUPÉRY

»Ich hatte schon einmal das Erlebnis der Seinsfühlung. Es war ein wunderbares rundes Gefühl der Einheit und Geborgenheit in der Schöpfung. Ich fühlte mich danach innerlich ruhig und gesund. Ich versuchte, dieses Gefühl wieder zu bekommen, aber es ging nicht.«

Es gibt keine einfache, beschreibbare Methode, die dazu führt. Viele Menschen berichten mir von Erlebnissen der Seinsfühlung und beklagen das Entgleiten im Alltag. Je mehr man mit dem Willen danach strebt, desto geringer ist die Chance, daß sich Seinsfühlung einstellt. Sie kann nicht als eine Art Vergnügen angesehen werden, das man sozusagen in Besitz nimmt wie ein Konsumgut. Je mehr man danach strebt, als wäre es etwas Materielles, desto eher entgleitet es.

Es ist wie mit der Liebe. Sie stellt sich auch nicht auf Befehl ein, denn sie ist nicht dem Willen oder der Macht des Denkens unterworfen. Man kann sich nicht zur Liebe zwingen, genausowenig kann man sich zu Seinsgefühlen zwingen. Du kannst vor dem schönsten Sonnenuntergang stehen, die Meereswellen rauschen – und es geschieht nichts, wenn du darauf gespannt wartest oder dabei im Gedächtnis nach dem vergangenen Erlebnis kramst, um das Seinsgefühl so zu stimulieren oder wieder zu beleben.

Der Vergleich mit der Liebe ist naheliegend, denn bei Seinsgefühlen handelt es sich auch um Liebe. Für das Wort Seinsgefühl kann auch Liebe gesagt werden, allerdings natürlich nicht das, was die Menschen üblicherweise unter Liebe verstehen, also sexuelles Vergnügen, Eroberung, Abhängigkeiten und Bindung. Zwischenmenschliche Liebe ist leider meist sehr begrenzt und oberflächlich. Liebe als Seinsgefühl ist Liebe zu dem, was im Moment geschieht, zu einem Naturerlebnis, dem man sich ganz öffnet und das die eigene Seele zutiefst berührt, ohne jegliche Absicht eines Eigennutzens. Eine Voraussetzung dafür ist in Fühlung mit sich selbst zu sein, ohne dabei über irgendein Problem nachzudenken. Selbstfühlung heißt deshalb nicht, sich selbst zu problematisieren und darüber nachzugrübeln, denn Fühlen steht im Mittelpunkt – das Denken hat sich zurückgezogen. Das bedeutet natürlich nicht, daß Selbst- und Seinsfühlung etwas für naive Gefühlsromantiker oder weniger Intelligente wäre.

※

»Gefühle werden von vielen abgewertet, denn die Ratio gilt als eine spezifisch menschliche Qualität, worin sich der Mensch über das Tier erhebt.«

Der alte Streit der Bewertung von Emotionalität und Intellektualität ist, psychologisch gesehen, sehr einfach. Die Funktion des Geistes ist das Denken. Mit dem Denken werden technische, mathematische, juristische und ähnliche Probleme gelöst. Das Denken ist dafür das passende Werkzeug – aber alles zu seiner Zeit.

Die Domäne der Seele ist das Gefühlsleben. Unter Selbstfühlung verstehe ich eine Erkenntnisfähigkeit des Psychischen; hierbei geht es um den Kontakt zu den Gefühlen. Du bist nicht nur dein Denken, zu dir gehört auch die Welt deiner Gefühle, denn sie sind ein wichtiger Teil von dir. Das Denken ist notwendig, um berufliche Entscheidungen zu treffen oder Auto zu fahren, um in einer fremden Stadt ans Ziel zu kommen. Denken ist aber nicht notwendig, um das eigene Innere, also die Gefühle, zu erfahren, zu erforschen. Hier gilt es, diese Gefühle zu fühlen, nicht über Gefühle nachzudenken. Wenn ich Angst verspüre oder Neid oder Wut, diese ganz unterschiedlichen Gefühle, dann hat es keinen Zweck, darüber nachzudenken. Zuerst muß ich das Gefühl ganz fühlen. Das Grübeln ist eine Flucht, die vom Gefühl wegführt, die der Ausfühlung einen Riegel vorschiebt.

Solche Selbstfühlung ist wichtig, weil nur durch Ausfühlen das Gefühl zu seinem Recht kommt und auch ausgelebt werden kann. Unterbrechung durch Denken unterbricht den Vorgang der Selbstfühlung, und das Gefühl wird mit Gedanken und Ideen nur zugedeckt. Es taucht als unerledigtes Gefühl dann immer wieder auf und wird zu etwas Unangenehmem. Ein neurotischer Prozeß kann ausgelöst werden.

*

»Wird durch diese Selbstfühlung nicht einem egozentrischen Individualismus Vorschub geleistet? Individualismus ist Egoismus und steht im Widerspruch zu wirklicher Liebe.«

Die eigenen Gefühle auszufühlen ist kein Egoismus, denn ich will mein eigenes Wesen, etwas, das in mir selbst geschieht, erfahren und ganz kennenlernen. Sich selbst zu erfahren ist kein Egoismus, denn dieser Vorgang richtet sich nicht gegen andere. Sich selbst genau und intensiv durch Ausfühlung kennenzulernen ist die Voraussetzung für einen ehrlichen und sinnvollen Kontakt zum Nächsten. Das ist auch kein egozentrischer Individualismus, denn Selbstfühlung dient ja nicht dazu, mich von anderen abzugrenzen, sondern den Kontakt aus mir heraus offener und ehrlicher gestalten zu können. Wir müssen genau unterscheiden zwischen Individualität und Individualismus. Auch wenn ich von der Gesellschaft, ihren Normen und Maximen konditioniert bin, also nur zum Teil eigenständig, zu einem anderen Teil aber sozialisiert und fremdbestimmt bin, so bin ich wenigstens teilweise auch ein Selbsterfahrender, der ureigene Gefühle erlebt, die persönlich sind und sein sollen. Individualismus ist etwas anderes, tatsächlich etwas Negatives. Wenn ich mich als ein Individuum beschreibe und nach außen hin etwa darstelle: Ich bin Intellektueller, ich bin klüger als andere, ich bin Künstler und betone meine Individualität als etwas Besonderes –

dann setze ich mich trennend und dadurch auch aggressiv-kämpferisch anderen entgegen. Ich weiß mehr als du, ich kann mehr als du, ich habe mehr Wissen und Erfahrung – das ist Individualismus, Selbstabgrenzung und steht der Liebe zu anderen im Weg. Zwei Individualisten, die auf ihre Individualität pochen, können sich nicht lieben, weil sie sich ständig vergleichen, zanken und streiten. Das Denken gestattet sich den Individualismus.

Das Gefühl ist nicht trennend. Wenn ich fühle und bei mir selbst so verweilen kann, dann kann ich mein Gefühl auch möglicherweise dem anderen mitteilen. Ich erfahre mich selbst, und er lernt mich besser kennen. Gut, auch da kann man individualistisch werden nach dem Motto: Meine Angst ist größer als deine, mein Neid ist sinnvoller als deiner. Aber das ist wieder das Denken, denn das Gefühl wird dann zum Objekt des Verstandes gemacht. Wir unterhalten uns zwar über unsere Gefühle, aber diese Unterhaltung bewegt sich weit weg von der Selbstfühlung. Dann ist das Gefühl selbst gar nicht mehr da; es wird verbalisiert, und man bewegt sich auf der Ebene des Denkens. Das ist nicht die Selbstfühlung, deren Bedeutung ich vermitteln will.

*

»Selbstfühlung behindert zwar nicht den Kontakt, wenn man seine Gefühle nicht vergleicht mit den Gefühlen anderer – aber ist das nicht dennoch ein Rückzug auf sich selbst, denn man entzieht sich währenddessen doch den anderen?«

Selbstfühlung heißt, Bezug zum eigenen Wesen zu nehmen. Dieser Rückzug, wie du es nennst, muß täglich stattfinden. Es können Pendelbewegungen sein zwischen Außengerichtetheit (Kontakten und Aktivitäten) und Innengerichtetheit (in Fühlung sein). Die Pendelschwünge können nach und nach immer kleiner werden, und ich bin dann außengerichtet, ohne den Kontakt zur inneren Fühlung zu verlieren. Beides wird eins; während außen etwas geschieht, beispielsweise Kommunikation, bleibe ich in ständigem Kontakt zu meinen Gefühlen. Meine Handlungen sind dann im Einklang mit meinen Gefühlen; dann fühle ich mich ganz, wahrhaftig, ehrlich und konkret. Es besteht dann kein Konflikt mehr zwischen äußerem Verhalten (meinen Reaktionen) und meinem inneren Gefühlszustand. Solche Wahrhaftigkeit eines konkreten Lebens wird von den wenigsten verwirklicht.

Zwischen äußerem Verhalten und innerem Wesen klafft meist ein Abstand, es besteht ein Widerspruch. Mit diesem quälenden Widerspruch schlagen wir uns täglich herum. Was machen wir, wenn wir den Widerspruch erkennen? Wir halten uns an Äußeres und verdrängen das Innere, verschieben es auf später, eine stille Stunde, vor der wir dann auch wieder ausweichen.

Man entzieht sich also nicht nur dem anderen, sondern vor allem sich selbst. So sind eigentlich die anderen als egoistisch zu bezeichnen, wenn sie das fordern. Man agiert in seiner Umwelt, aber als ein halber Mensch, nur vordergründig, ohne Beteiligung des Inneren. Ist damit den anderen wirklich gedient? Wäre es nicht für alle sinnvoller, als ganzer Mensch präsent zu sein? Ist man dann nicht viel konkreter anwesend? Kann man dann nicht viel intensiver auf die Mitmenschen eingehen, als ganzer, nicht nur als halber Partner?

Als ganze Person kannst du dich dem anderen mit vollständiger Anteilnahme widmen. Euer Gespräch bleibt nicht nur an der Oberfläche, es kann in die Tiefe gehen. Es handelt sich bei der Selbstfindung deshalb nicht um einen unsozialen Kontaktrückzug, sondern um die Schaffung der Voraussetzungen für einen ganzheitlicheren, ehrlicheren, tieferen und dadurch auch gehaltvolleren Kontakt von ganzer Person zu ganzer Person, sofern der andere bereit ist, einen solchen Kontakt überhaupt zuzulassen und darauf einzugehen.

※

»Wenn man sich in einen Menschen verliebt, dann möchte man über seine Gefühle reden, dann beginnt man sich zu öffnen und möchte ihn in seiner Ganzheit kennenlernen. Wie ist das zu erklären?«

Im Zustand der Verliebtheit beginnt man sich für den anderen zu interessieren. Die eigenen Gefühle möchte man mitteilen – und dann erfahren (und hoffen), daß er die gleichen Gefühle fühlt. Im Zustand der Verliebtheit erlebt man sich ganz, Gefühl und Handlung vereinigen sich. Man ist als ganze Person präsent und fordert auch die Ganzheit des anderen heraus. Im Zustand der Verliebtheit wird man hellwach, nach außen und nach innen, und man betrachtet den anderen sehr aufmerksam, seine Handlungen, seine Worte und seine Gefühle, wie sie sich ausdrücken. So wird der Kontakt sehr konkret und lebendig. Man achtet genau darauf, wie sich der andere bewegt und wie er reagiert, man nimmt ihn als Person ernst. Verliebtheit gibt dir sehr viel Intensität.

Leider geht dieser Zustand sehr schnell wieder verloren, sobald man den anderen kennt oder glaubt zu kennen. Aus einem lebendigen Wesen wird dann ein Partner, eine Bindung, eine Einordnung in ein System, und man beginnt wieder auf einer oberflächlicheren Ebene miteinander umzugehen. Die Wachheit und Gefühlstiefe des Kontakts geht verloren, Selbstfühlung und Einfühlung in den anderen lassen nach. Auch hier zeigt sich: Aus Selbstfühlung heraus zu handeln ist nichts Egoistisches, sondern die höchste Form der intensiven Kommunikation. Das Nachlassen dieser totalen Verbindung, das Übergehen zum Alltäglichen und Schematischen, das Einplanen und Verplanen des anderen – da ist der Egoismus zu suchen. Das ist ein Rückzug in Äußerlichkeiten.

Die Innerlichkeit ist kein Rückzug, denn sie ist die Basis für ganzen Kontakt in großer Tiefe und Ernsthaftigkeit. Die Liebe ist der Beweis. Deshalb ist Selbstfühlung der Weg zur Liebe, und zwar zu einem liebenden Kontakt mit allem, was uns umgibt. Selbstverleugnung spaltet davon ab.

*

»Ist Liebe also keine romantische Gefühlsduselei, sondern der Weg zum richtigen Leben?«

Gefühlsduselei ist das nur für Leute, die verbittert sind, die den Gefühlskontakt schnell verlieren, dann aufgeben und sagen – Das hat alles keinen Sinn, das bringt mich nicht weiter. Gefühle sind etwas Konkretes. Gut, sie sind nicht wissenschaftlich faßbar, nicht im Labor meßbar und zu quantifizieren. Muß denn alles meßbar sein? Wollen wir uns davor verschließen, wenn es nicht meßbar ist? Auch der Wissenschaftler kann sich verlieben, obwohl er das nicht in sein wissenschaftliches System pressen kann.

Es geht hier um eine Realität, nicht um Spinnerei, Phantasie oder Hirngespinste. Die Selbstfühlung meiner Gefühle ist etwas Reales, auch wenn es nicht auf einem Bildschirm sichtbar gemacht werden kann. Gefühlskontakt zwischen zwei Menschen ist etwas Reales; er kann oberflächlich sein oder verbindend, ohne sich zu binden – das ist alles sehr real. Viele Menschen agieren sozusagen neben sich, über sich, aber nicht wirklich in sich; sie leben als Halb- und Viertelmenschen und nicht als Ganze. Sie spüren zwar diese Halbheit, aber sie wissen nichts dagegen zu tun. Fernsehen hilft nicht, diskutieren hilft nicht, Rat einholen von Älteren hilft meist auch nicht. Wir müssen ganz werden durch Selbstfühlung und dürfen die Verliebtheit nicht aus den Augen verlieren. Ein ganzer Mensch beginnt sich liebend aufzuschließen, er wird bereit zu einem liebenden Leben und fühlt sich dadurch seelisch und geistig gesund und vital.

*

»Wir reden von Selbstfühlung und Liebe in einer Welt voller Probleme wie Armut, Arbeitslosigkeit, Ungerechtigkeit und Umweltverschmutzung. Ist es nicht sehr unpolitisch, sich bei solch großen Problemen mit sich selbst zu beschäftigen? Ist das nicht ein Rückzug in die private Innerlichkeit?«

Das ist eine Frage, die so oder ähnlich oft gestellt wird. Natürlich leben wir, das wird nicht verkannt, in einer Gesellschaft mit riesigen Problemen. Arbeitslosigkeit ist eine enorme seelische Belastung für die Betroffenen; Verarmung und soziale Isolation sind oft die Folge. Jede dritte Ehe wird heute geschieden; das bringt große Gefühlskonflikte und finanzielle Probleme für die Betroffenen mit sich. Die Umwelt wird täglich mehr verschmutzt, Flüsse und Wälder sterben, Nahrungsmittel sind teilweise vergiftet und krebserregend. Wir sind von radioaktiver Strahlung bedroht durch Atomreaktoren, wie Tschernobyl jedem von uns deutlich bewußt gemacht hat, haben alle Angst vor einem Atomkrieg, haben Angst vor Verstrahlung und Krebs. All dem fühlen wir uns ziemlich machtlos ausgeliefert. Das Vertrauen in die von uns demokratisch gewählten Politiker sinkt von Jahr zu Jahr. Das sind große äußere Probleme, mit denen wir uns täglich konfrontiert sehen. Deine Frage lautet aber, ob es unpolitisch sei, sich durch Selbstfühlung mit sich selbst zu befassen, im Sinne einer privaten Innerlichkeit.

Ich frage zurück: Soll ich mich mit den äußeren Problemen befassen, bevor ich die inneren gelöst habe? Ist meine private Innerlichkeit wirklich etwas Unpolitisches? Ich behaupte, sie ist etwas sehr Politisches. Die persönliche seelische Verfassung eines jeden Menschen ist politisch von großer Bedeutung. Hitler ließ die Bücher von Sigmund Freud verbrennen, nicht allein deshalb, weil Freud Jude war, sondern weil er erkannte, daß Psychoanalyse auch etwas Politisches ist. Viele psychologische Bücher dürfen nicht in der DDR verkauft werden, und sie werden vom Zoll, wenn ich sie an einen Psychiater in der DDR (also einen Berufskollegen) mit der Post versende, beschlagnahmt und wieder an mich zurückgeschickt. Psychologie, Gedanken über seelische Vorgänge: sie sind für die Bürokraten der DDR offenbar etwas sehr Politisches. Sie wünschen nicht, daß Gedanken der Selbstentfaltung, Eigenverantwortung und Freiheit über ein Buch in die Köpfe ihrer Bürger gelangen.

Das wache, bewußte, freie und liebende Individuum ist in der Geschichte der Menschheit immer schon etwas Politisches gewesen. Die ersten Christen wurden deswegen von den Römern in die Arena (und den Tod) geschickt. Natürlich ist es etwas Politisches, wenn jemand seine Religion praktiziert, sei er jetzt Christ, Jude, Moslem oder Hindu. Nach dieser Abschweifung zurück zu deiner Frage. Es ist etwas Politisches, wenn ein Mensch sich der Selbstfühlung widmet, weil aus ihr Selbstentfaltung hervorgeht. Selbstfühlung führt zur Wahrheit, Echtheit, Offenheit – und die Knoten der Anpassungsnormen beginnen zu platzen.

Wir leiden alle mehr oder weniger unter den beschriebenen Problemen der Außenwelt, und wir wollen alle, daß sie gelöst werden. Solange wir automatische, angepaßte Roboter sind, programmiert und konditioniert, ändert sich nichts. Die Politiker können uns weiter manipulieren. Politiker sind keine Übermenschen, keine »Götter«, sind sie doch genauso geprägt von Normen und Denksystemen wie die, die sie gewählt haben. Die Politiker führen uns ins Unglück, wenn wir uns nicht ändern.

Sollen wir blind darauf vertrauen, daß die Politiker sich ändern? Konnte man 1939 darauf vertrauen, daß

Hitler sich ändert, daß er ein liebender, mitfühlender, sich selbst erkennender Mensch wird? Er wollte nichts von Psychologie und Selbstfühlung wissen; er war ein Machtmensch voller Vorurteile, starr und unbeweglich in seiner Geprägtheit. Einem Menschen wie Hitler 1939 die Selbstfühlung nahezubringen, das wäre etwas sehr Politisches gewesen. Vielleicht hätten dann sechs Millionen Juden überlebt.

Wir wissen heute: Hitler war seelisch gestört, nicht im psychiatrischen Sinne, denn er war ja nach außen hin sehr tüchtig, war selbstbewußt, ideenreich, charmant, aktiv und nach bürgerlichen Vorstellungen untadelig. Er trank nicht einmal Alkohol; er war Vegetarier, er führte kein unmoralisches, ausschweifendes Leben im konservativen Sinne; er war Nationalist und wollte für die Deutschen im Sinne eines nationalen Selbstbewußtseins das Beste – oberflächlich gesehen. Dennoch war er für die Deutschen und für Europa ein großes Unglück. Er war nicht in Selbstfühlung und nicht in Seinsfühlung, ein Politiker ohne Innerlichkeit und Mitgefühl. Hypothetisch gesprochen (ich bin 1940 geboren), hätte ich gerne mit ihm geredet und ihm das bewußt gemacht. Hätte er mich empfangen? Natürlich hätte er mich ins Konzentrationslager transportieren lassen.

Es ist etwas sehr Politisches, die private Innerlichkeit anzuerkennen, sie zu respektieren und ins Zentrum zu stellen. Die Liebe und das Mitgefühl in den Menschen zu fördern, das ist keineswegs unpolitisch.

Wir lösen diese ganzen angesprochenen Probleme nur durch Innerlichkeit. Nur so kann unsere Gesellschaft verwandelt werden. Jeder muß zuerst bei sich selbst beginnen. Zuerst muß Liebe, Selbstfühlung und Mitgefühl sein, damit Klassenschranken fallen können und Gleichheit entsteht. Erst muß Gleichheit zwischen den Menschen sein, bevor wir die Probleme wirklich lösen können. Gleichheit aber ist das Politischste überhaupt. Haben wir heute Gleichheit und Liebe? Wir haben sie nicht. Bevor wir das nicht erreichen, beseitigen wir keines der angesprochenen Probleme wirklich. Du kannst dich vor den Atomreaktor stellen und lautstark protestieren – das ist sehr ehrenwert und wird mit viel Lob bedacht; man wird dir ein Denkmal setzen; es ist eine politische Aktion. Aber: Sie löst das Problem nicht wirklich. Wir müssen bei uns selbst beginnen, bei unseren Gefühlen und dem Kontakt zu den allernächsten Mitmenschen. Wenn wir hier Frieden schaffen und mit Mitgefühl Liebe verbreiten, dann ist das der Anfang einer Welle, die sich ausbreitet und wächst und immer größer wird und die Politiker zu den richtigen Handlungen zwingen wird.

Gedankenaustausch

Durch die Leserbriefe, die ich täglich erhalte, weiß ich, wie viele einen Gedankenaustausch mit Gleichgesinnten in ihrer Umwelt vermissen. So kam ich auf die Idee, einen »Briefclub« für Interessierte zu gründen. Deshalb habe ich eine Adreßkarte für die Leserinnen und Leser dieses Buches entwickelt, die mit anderen Lesern gerne in einen Gedankenaustausch treten wollen.

Daß ein Bedürfnis danach besteht, ist aus den vielen Leserbriefen zu ersehen, die ich täglich erhalte. Ich war sehr überrascht, wie viele Leser malen, Gedichte schreiben und eigene kreative Gedanken entwickeln. Sie leiden oft darunter, daß sie Gesprächspartner im Alltag oft nicht finden, weil viele eine Scheu davor haben, sich zu offenbaren. Es gibt viele Menschen, die sich in dieser normierten Anpassungsgesellschaft ein eigenständiges Seelenleben bewahrt haben und weiter bewahren wollen. Darüber in Kommunikation zu treten, sich auszudrücken, das sollte gefördert werden, und zwar auch durch dieses Experiment.

Die Adressen werden von meinem Sekretariat gespeichert und jedem Interessenten einmalig zum Zeitpunkt seiner Nachfrage zur Kontaktaufnahme zugesandt. Der Empfang der kopierten Adressen verpflichtet

natürlich zu nichts. Sie können auch Ihre Adresse selbstverständlich jederzeit wieder streichen lassen. Sie sind nicht verpflichtet, alle Kontaktinteressenten anzuschreiben oder auf Briefe, die Sie erhalten, zu antworten.
Schneiden Sie die folgende Adreßkarte aus, und senden Sie sie mit einem einmaligen Beitrag für die Organisationskosten (50-DM-Schein im Brief) an das Sekretariat P. Lauster, Usambarastraße 2, 50733 Köln.

Es wäre schön, wenn durch diese Aktion ein Netz geistiger Verbundenheit vieler Menschen entstehen könnte und wenn Sie uns über Ihre gemachten Erfahrungen gelegentlich etwas schreiben würden.

Adreßkarte zum Ausschneiden:

Vorname: _____	Name: _____
Straße: _____	
PLZ: _____ Ort: _____	
Alter: _____ Hobby: _____	
Interessengebiete: _____	
_____	
_____	
Ich bin damit einverstanden, daß meine Adreßkarte an Leser/innen weitergegeben wird, die an einem Gedankenaustausch interessiert sind.	
Datum: _____ Unterschrift: _____	

Wenn Sie sich für andere engagieren wollen

Das vorliegende Buch thematisiert die authentische Autonomie des einzelnen in der Gesellschaft. Das hat nichts mit egozentrischer »Nabelschau« zu tun, sondern meint die legitime Selbstfindung. Dadurch wird der Gesellschaft nichts an sozialkonstruktivem Potential entzogen. Wer' sich mit sich selbst befaßt, seiner eigenen Entwicklung, Ausreifung und seiner Gesundung, schafft die Basis für eine mitfühlende Soziabiliät. Ein psychisch gesundeter Mensch bewirkt gerade dadurch sehr viel Positives für die Gesamtgesellschaft. Emotional glücklich sein heißt nicht, sich selbst in einen »stillen Winkel« zurückziehen, sondern bedeutet ein Kräftesammeln, um auch für andere liebesfähig und mitfühlend etwas tun zu können.

Die folgenden Anschriften und Spendenkonten dienen als Vorschlag. Jeder, der sich hier engagieren will, wird mit offenen Armen empfangen. Diese Gruppen sind politisch und religiös unabhängig. Die Auswahl dieser gemeinnützigen Organisationen stellt keine Wertung dar. Es gibt darüber hinaus noch viele andere ähnliche Organisationen, die unterstützt werden sollten und sich über jedes Engagement freuen.

Peace Bird e.V.

Postfach 60 20 47

22220 Hamburg

Peace Bird ist eine internationale Kinder- und Jugendorganisation, die sich für den Frieden und die Umwelt einsetzt.

Spendenkonto: Bank für Gemeinwirtschaft Berlin (BLZ 100 101 11), Kto.-Nr. 1 606 123 800.

Greenpeace e.V.

Vorsetzen 53

20459 Hamburg

Greenpeace ist eine Vereinigung, die sich für unsere Umwelt einsetzt, unter anderem für das Klima, die Meere, den Regenwald und die Wale.

Spendenkonto: Postgiroamt Hamburg
(BLZ 200 100 20),
Kto.-Nr. 2061-206.

Deutsche Krebshilfe e. V.

Thomas-Mann-Straße 40

53111 Bonn

Die Deutsche Krebshilfe (gegründet von Dr. Mildred Scheel) setzt sich nicht nur für die Forschung, sondern auch für die Krebsbehandlung ein.

Spendenkonto: Postgiroamt Köln (BLZ 370 100 50), Kto.-Nr. 909 090-501.

Deutsche Aids-Stiftung
Pipinstraße 7
50667 Köln
Die deutsche Aids-Stiftung hilft an Aids Erkrankten, die in finanzielle Not geraten, unterstützt die Forschung und verleiht einen Journalistenpreis für aufklärende Berichterstattung in den Medien.
Spendenkonto: Westdeutsche Landesbank
(BLZ 370 500 50),
Kto.-Nr. 5000.

Bund für Umwelt und Naturschutz Deutschland e.V.
Im Rheingarten 7
53225 Bonn
Der BUND setzt sich für den Umweltschutz ein und gibt eine Zeitschrift für Ökologie und Umweltpolitik heraus (»Natur und Umwelt«).
Spendenkonto: Postgiroamt Köln (BLZ 370 100 50),
Kto.-Nr. 6467-509.

Anmerkung des Verlags

Die Gedichte Peter Lausters sind in den letzten drei Jahren entstanden und wurden für dieses Buch ausgewählt. Sie entstanden aus Freude am Schreiben und waren ursprünglich nicht zur Veröffentlichung gedacht.

Ähnlich verhält es sich mit den Aquarellen. Ebenfalls nicht zur Veröffentlichung gedacht, entstanden sie zum größten Teil unabhängig von den Gedichten, während einige gemalt wurden, nachdem der Text feststand. Sie wollen die Gedanken jedoch nicht illustrieren, sondern ergänzen, unterstützen.

Bei der Auswahl der Aquarelle ging es dem Verlag darum, einen einheitlichen Malstil darzustellen. Die Aquarelle entstanden im ersten Quartal 1988. Sie werden vom Autor nicht als Kunstwerke angesehen, sondern als ein Teil der persönlichen Selbstentfaltung, entstanden sie doch aus Freude am Malen und suchen sie deshalb keinen Platz innerhalb des Kunstbetriebs. Zwar veranstalteten einige Galerien Ausstellungen mit den Gemälden Peter Lausters, aber die Bilder entstanden und entstehen nicht im Hinblick darauf, ob sie nun ausgestellt bzw. veröffentlicht werden.

Zwängen, denen Berufskünstler oft unterliegen, möchte sich Peter Lauster nicht aussetzen. Die in diesem Buch veröffentlichten Aquarelle sind nicht »repräsentativ« für seine Malerei, denn es entstehen auch völlig andere Bilder, in anderer Technik und mit anderen stilistischen Merkmalen. Darunter befinden sich auch optische Experimente, die natürlich nur sehr bedingt für das Medium Buch geeignet sind.

Für den Maler Peter Lauster läßt sich die Freiheit des Ausdrucks nicht in einen einheitlichen Stil bringen. Grenzen sollten, nach seiner Auffassung, gerade im Prozeß der Selbstentfaltung immer wieder übersprungen werden, um sich neuen Möglichkeiten zu öffnen. Es geht ihm um die Entdeckung subjektiver Dimensionen, nicht um die Bewahrung etwas scheinbar Bewährtem. Er kümmert sich deshalb auch nicht um kunsthistorische Stilzusammenhänge, sondern um ein persönliches Erlebnis des Malens, das jenseits von Kunstrichtungen liegt.

Die Aquarelle des Autors

1. <u>Aquarellmappe von Peter Lauster</u>
   Format: 21 × 28 cm,
   6 vierfarbige Aquarelle mit Textauszügen aus dem Buch »Lebenskunst«.
   Auflage: 300, 1982, handsigniert und numeriert.
   Preis: 56,- DM.

2. <u>Originalgrafik von Peter Lauster in limitierter Auflage, handsigniert und numeriert</u>
   Außenformat des Blattes: 70 × 50 cm,
   Bildformat: 40 × 30 cm.

Bestellcoupon

Hiermit bestelle ich:

☐ Exemplar(e) Kunstdruck (Auflage 300 Exempl.), handsigniert und numeriert. Preis: 95,- DM

☐ Aquarellmappe. Preis: 56,- DM

Mein Absender

Name: _____ Vorname: _____

Straße: _____

PLZ: _____ Ort: _____

Datum: _____ Unterschrift: _____

Der Versand erfolgt in einer Kartonrolle per Nachnahme.
Bitte senden Sie den Bestellcoupon an: Sekretariat der Praxis P. Lauster, Usambarastraße 2, 50733 Köln.